AF404590

ROGATIEN LE NAIL

ARCHITECTE

Membre de la Société Française d'Archéologie

ARCHÉOLOGIE

LES PHAROUSIES MÉDIÉVALES

VÉZELAY

« Dites à ceux qui ont le cœur abattu :
Prenez courage ; ne craignez pas. Voici
Dieu qui vient vous VENGER ».
« Il viendra LUI-MÊME ».

Is., xxxv, 4.

« Ne craignez pas. Voici Dieu qui vient
juger et vous délivrer de la Grande
Tribulation »,   *Esdras,* xv, 20.

1917

JÉRUSALEM

SERA APPELÉE LE

TRONE DE DIEU

AU TEMPS

DU PASTEUR ANGÉLIQUE

Ce ne fut pas l'effet d'une simple coïncidence si S. Bernard prêcha, la croisade du XIIe siècle, devant le merveilleux porche narthécial de Vézelay, que les architectes venaient d'achever.

Les Croisades n'eurent pas pour seul objectif de chasser les Sarrazins de la Terre Sainte; le véritable but de ces expéditions était de **préparer, A JÉRUSALEM,** « **le trône de Dieu** » et « **l'escabeau de ses pieds** » afin que « le Seigneur vienne établir sa Gloire parmi les Nations », non seulement en présence « de ses justes » mais au milieu de ses ennemis « **Dominare in Medio** *inimicorum tuorum* » et qu'alors tous les peuples de la terre « l'adorent au lieu où il aurait posé ses pieds » Ps.

Tout le rôle des Croisades tient en cela! Jamais vous n'expliquerez des mouvements invraisemblables comme la « Croisade des pauvres gens » si vous ne saisissez la mentalité de ces époques de « **L'ATTENTE PHAROUSIAR-QUE** », et cette mentalité nous est révélée par la riche et savante iconographie médiévale.

..... « Qui pourrait dire, rapporte le chroniqueur, les enfants, les vieilles femmes, qui se préparaient à partir? Qui pourrait compter les vierges, les vieillards tremblant sous le poids de l'âge? Vous auriez ri de voir les pauvres ferrer leurs bœufs comme des chevaux, traînant, dans des chariots, leurs minces provisions et leurs petits enfants; et ces petits, à chaque ville ou château qu'ils apercevaient, demandaient, dans leur simplicité : N'est-ce pas là cette Jérusalem où nous allons? »

Allaient-ils combattre les fils d'Imaël ces humbles? Ils n'avaient même pas d'armes! Ils allaient vers la « Vision de Paix »; ils croyaient venu le temps, où « la Puissance lui étant donnée, le Fils de l'ancien des jours devait établir son Règne sur toute Nation, tout peuple et toute langue ». Daniel VII-14.

Ils brûlaient de « contempler le **visage** du Seigneur » quand celui-ci descendrait à Jérusalem pour « briser l'arc et l'épée et faire cesser les combats d'une extrémité de la terre jusqu'à l'autre » (1) Ps. LXXV, 3.

ADVENIAT REGNUM TUUM

Telle fut la grande attente du moyen âge et si le « désir des Nations » espéré de nos aïeux, n'a pas été comblé à la lettre, ces preux, par leur marche sur l'Orient, ont brisé les soulèvements kabbalistes islamiques, en bridant ceux qu'ils considéraient, à juste titre, comme les descendants « des Amorrhéens, des Gergéséens, des Ethéens, des Hévéens, des Phéréséens, des Chananéens et des Jébuséens ».

Ainsi a été préparé ce mouvement formidable et universel de **TOUS LES PEUPLES** que verra le **XXᵉ siècle**, « vers cette terre qui est le centre du monde » (Jérémie).

Se basant sur les textes sacrés, le peuple Franc « le peuple le plus redoutable de tous » « **attendit** » ce que ses pères

---

(1) Osée II, 18 « En ce temps-là, je briserai l'arc et l'épée, je ferai cesser les combats ». — Ps. XLV « Voyez les prodiges du Seigneur, faisant alors cesser toutes les guerres jusqu'au bout de l'Univers. — Il brisera l'arc, et mettra les armes en pièces; il brûlera les boucliers. — Alors sera le repos et **je serai exalté au milieu de TOUTES LES NATIONS de la terre** ». — Isaïe II, 4. « Le Seigneur jugera (au jour de sa Puissance) les Nations, il convaincra les peuples d'erreur; et ils forgeront de leurs épées des socs de charrues, et de leurs lances des faux. Un peuple ne tirera plus l'épée contre un autre peuple, et ils ne s'exerceront plus à combattre. » Il est de toute évidence que ces textes ne se sont jamais réalisés jusqu'à ce jour; ils seront vérifiés sous le Pasteur angélique, au temps de la Pharousie.

avaient eux-mêmes « **attendu** », sous le grand Charlemagne; **LE RÈGNE UNIVERSEL DE L'AGNEAU**, précédé du « frémissement des peuples » et de la guerre universelle!

« Allez, disait le vieil Isaïe, contemplant la Pharousie au grand soir des temps, **allez, anges légers, vers la Nation divisée et déchirée; vers le peuple terrible, LE PEUPLE LE PLUS REDOUTABLE DE TOUS**; vers la **Nation qui ATTEND** et qui est foulée aux pieds, dont la terre est gâtée et ravagée par les inondations de divers fleuves »

« **Et ce peuple viendra au lieu où est invoqué mon nom sur la montagne de Sion** » Is. XVIII, 2.

La « génération qui doit venir » doit accomplir cet oracle, au Temps du Pasteur Angélique; ce thème va nous être révélé par la Pharousie de Vézelay.

LA TERRE NOUVELLE

Voici que je vais faire toutes
choses nouvelles », Apoc. XXI, 5.

La Pharousie de Vézelay est ici représentée.

On découvre, dans cette magistrale composition, toutes les caractéristiques de la puissante période architecturale du plus grand et savant siècle de notre Histoire : le XIIe siècle.

Nous analyserons, successivement, chacune des cinq parties principales de ce porche :

A — Haut relief central «**LA GLOIRE**» ou **PHAROUSIE**.

B — Meneau du Messie tenant le « **VAN** » symbolique du « **TEMPS DES NATIONS** ».

C — Volte et frise de la « **SOCIÉTÉ DES NATIONS** »

D — Archivolte Zodiacale Minervale (1).

E — Arrivée d'**ELIE ET d'HÉNOCH**.

---

(1) Sera étudiée spécialement dans le secret du zodiaque révélé par le Moyen Age,

LA PHAROUSIE

Le haut relief central représente « la Gloire ou le Règne » c'est la Pharousie.

Nombreux sont les archéologues modernes ayant cherché à déchiffrer cette iconographie du porche de Vézelay, nous en comptons près de trente, donnant, à peu près tous, les mêmes solutions, toutes inexactes d'ailleurs.

Mâle voit, dans ce tympan, la représentation de la Pentecôte !

La Pentecôte ? Le Christ est présent, la Vierge absente !

Plus près de nous, Fabre, dans ses « Pages d'Art chrétiens », déclare avoir trouvé l'énigme : C'est l'Ascension !

Nous demandons à M. Fabre de vouloir bien nous montrer, dans toute l'iconographie — soit ancienne, soit moderne — un seul sujet de « l'Ascension » où le Christ soit « assis sur un trône ».

Fabre parle de « ces personnages s'agitant dans une danse frénétique ». Où a-t-il vu les personnages danser ? Ils sont assis sur des trônes !

Ce sont les apôtres auxquels le Christ a dit :

« Vous qui m'avez suivi je vous le déclare, au jour du renouvellement, vous serez **assis sur douze trônes** **JUGEANT** les douze tribus d'Israël ». S. Mathieu.

«Je vis aussi **des trônes et des personnes s'assirent** dessus et la puissance leur fut donnée pour **JUGER** ». Apoc. XX, 4.

Il faut attribuer les erreurs des iconologues modernes à leur méconnaissance du texte des Ecritures Sacrées et du thème édénique et médiéval du Règne.

Le haut relief de Vézelay est le thème du verset. « Voici que le Seigneur viendra juger et tous ses saints avec lui. »

« Le Seigneur descendra sur la montagnes des Oliviers et **y posera ses pieds** (1). Il **PARAITRA** et combattra les Nations » dans la plaine d'Armagédon.

« **ALORS LE SEIGNEUR SERA ROI DE TOUTE LA TERRE**. Il n'y aura, en ce jour-là que lui de Seigneur et son nom seul sera révéré ». Zacharie XIV, 3 à 9.

------- ❋ -------

______

(1) C'est là que toutes les Nations viendront l'adorer, dit David : « Nous l'adorerons au lieu **où il aura posé ses pieds**» et Moïse : « Tous les justes seront alors dans sa main et ceux qui s'approcheront de l'endroit où **Il aura posé ses pieds** recevront sa doctrine » Deutéronome XXXIII, 3.

LE VAN

Le jour du Seigneur est le jour de la colère, de la fureur, de la vengeance, causées par son indignation en voyant le sang des justes, le sang innocent, le sang de ses serviteurs répandu.

Alors le temps des Nations est accompli.

> « Le temps des Nations sera le jour de la colère » Ezéchiel XXX, 2.

Les peuples chrétiens ont proclamé le « *Nolumus hunc regnare super nos* », ils ne veulent pas du Règne, c'est le Temps de **L'APOSTASIE**.

Les peuples frémissent ». « *Quare fremuerunt gentes* ». Ps. II.

« Les Nations sont dans le trouble et les royaumes renversés ». « *Conturbatae sunt gentes et inclinata sunt regna.* » Ps.

Alors « voici que **LE JOUR DU SEIGNEUR** tombe sur les pécheurs comme un filet », Ps.

C'est le jour de la colère (1), de la fureur et de la vengeance.

Le Messie tient **LE VAN** dans lequel vont être précipitées et agitées les Nations « afin que **TOUS LES PEUPLES** de la Terre connaissent le nom du Seigneur » Ezéchiel, XXXVIII, 16.

La guerre universelle précèdera la conversion des Nations.

« Attendez-moi pour le jour de ma **RESURRECTION** (2),

---

(1) Le jour de la Colère appelé « Temps des Nations » s'ouvre au Grand Soir du monde, à la fin du 6e millénaire, à l'aurore du 7e. Nous avons placé ce « jour qu'ont vu les prophètes », entre 1908-1930, après étude de la plus sûre chronologie. (Voy. fasc. 11. publié en 1907).

(2) « C'est là la Première Résurrection » (Apoc. XX, 5) qui suivra le jour de la colère « Alors toutes les Nations reconnaîtront. pour Roi. le rejeton de Jessé ». Is. XI. 10.

car, auparavant, j'ai résolu d'assembler **TOUS LES PEU-PLES**, et de réunir tous les royaumes, pour répandre, sur eux, mon indignation, pour y répandre toute ma fureur ; parce que **TOUTE LA TERRE** sera dévorée, par le feu, au jour de ma colère et de ma vengeance » (1) Sopho-nie III, 8.

« **TOUTE LA TERRE EST REMPLIE DE GUER-RIERS**, elle en est couverte, comme le fond de la mer est couvert par les eaux, **afin que le nom du Seigneur soit connu de tous les peuples** ». Ps.

« Voici que je rassemble, dit le Seigneur, **TOUS LES ROIS DE LA TERRE**, afin que le respect me soit rendu. Je les rassemble, les uns contre les autres, afin de leur rendre ce qui leur est dû ». Esdras IV. XV, 20.

C'est la préface de tout le thème qui va suivre :

« **J'EBRANLERAI TOUS LES PEUPLES**, je ferai tomber le trône des Royaumes (2), je briserai la force du Règne des Nations ; je renverserai les chariots et ceux qui les montent ; les chevaux et les cavaliers tomberont les uns sur les autres, et le frère sera percé par l'épée de son frère ».

« **ALORS LE DÉSIRÉ DE TOUTES LES NATIONS VIENDRA** », Aggée II, 8-22.

Le Désiré est figuré par « la pierre (3) détachée de la montagne qui réduit en poudre les quatre grands em-pires » (4) entrevus par Daniel.

Cette pierre est le Messie qui « **vient établir son règne PAR LA FORCE DE SON BRAS** » (IIᵉ Dim. Avent). « Il

---

(1) « La vengeance du sang innocent » « du sang des justes » « la vengeance demandée par ceux dont les âmes sont sous l'autel. » Apoc. VII, 9.

(2) La République Universelle proclamée par les sociétés secrètes. Ainsi interprétaient ce verset, les rabbins du xvıᵉ siècle.

(3) Saint Jérôme dit : « Les Juifs estiment ce passage écrit pour eux seuls. Ils voient, dans cette pierre, non pas le Christ, mais la Nation Juive qui, **à la fin des siècles**, sera assez forte pour ren-verser tous les royaumes de la terre et fonder sur leur ruine son Em-pire éternel ».

(4) Voyez : L'Apocalypse d'après l'iconographie, p. 29 (1916).

vient perdre et **anéantir les Nations** (1) et briser la chaîne de l'erreur qui retenait la bouche des peuples ».

En ce temps-là « Le Seigneur manifestera sa **GLOIRE** par sa voix puissante, il étendra **SON BRAS TERRIBLE** (2) dans les menaces de sa fureur et dans les ardeurs d'un feu dévorant; il brisera tout par l'effusion de sa tempête ».

« Voilà la Majesté du Seigneur qui vient de loin, **il paraîtra** (3) dans une fureur ardente dont nul ne pourra soutenir l'effort », Isaïe, XXX, 27 à 32.

Tel est l'office du Van du Seigneur : « l'Ebranlement des peuples » au temps de l'**Apostasie des Nations chrétiennes** précédant la **Conversion des Nations payennes** ; ainsi l'interprétèrent les savants moines exégètes du Moyen âge.

LE QUATRIÈME GRAND EMPIRE DE DANIEL CONDUIT PAR ASSUR EST ÉCRASÉ PAR LE MESSIE LUI-MÊME DANS LA PLAINE D'ARMAGEDON

Les artistes représentaient ensuite **Assur**, le chef des impies, enfin renversé et vaincu dans la pleine d'Arma-

---

(1) Le Seigneur a dit à mon Seigneur : Asseyez-vous à ma droite, c'est-à-dire : le Père a dit au Fils : demeurez assis jusqu'à ce qu'au jour de votre colère, vous vous leviez pour descendre « fracasser la tête des méchants, juger les Nations apostates et les remplir de ruine ». « Je placerai alors vos ennemis comme escabeau de vos pieds et toutes les Nations, que vous m'avez demandé, deviendront alors votre héritage » **au jour de votre REGNE.**

(2) C'est l'accomplissement du *Fecit potentiam in brachio suo.*

(8) Voy, Zacharie XIV « **Le Seigneur PARAITRA** après avoir rassemblé tous les peuples autour de Jérusalem et combattra contre les Nations » conduites par Assur, c'est-à-dire les armées de la Bête et du Dragon : l'Islamisme et le Boudhisme confédérés contre les chrétiens.

gédon : « Assur frappé de la vengeance du Seigneur trem-
blera à sa parole. Alors le Seigneur vaincra les ennemis de
son peuple dans **LE GRAND COMBAT** » (1) de la vallée
du carnage d'Aor (le Messie) : Armagedon.

« Le Seigneur est venu secourir Jérusalem, il la protègera,
il passera au travers de ses ennemis et la sauvera ».

« **Assur** (2) **périra** ; l'épée qui le dévorera ne sera point
l'épée d'un homme, mais l'épée de l'Ange », Is. XXXI, 5 et 8.

Cette dernière phase de **la Grande Tribulation de l'Apostasie** iconographiée, était suivie de la Pharousie, après « le
Jugement des vivants et des morts », les « vivants » figurés
par « les restes » « ceux qui seront restés » « ceux qui auront
échappé » aux **quatre maux** affligeant le globe au temps de
l'Apostasie (la guerre (3), la peste, la famine et les bêtes
sauvages) (4) ; ces « vivants » sont « la génération qui doit
venir » « le nouveau peuple qui doit naître » au temps du
Pasteur angélique.

----

(1) Voy. l'Apocalypse d'après l'iconographie, p. 24.

(2) Assur est le grand Dominateur de la terre, chef de la « Bête à
7 têtes et 10 cornes » qui a 10 diadèmes. Apoc. XIII. « Cette bête que
je vis était semblable à un léopard (à cause de la confédération de
tous les peuples Germains). Ses pieds étaient ceux d'un ours (ce sont
les musulmans de la Russie démembrée rattachés à la confédération
islamique) ; sa **gueule** comme la gueule d'un lion. Ce lion est
Assur, le dernier roi des Perses et c'est pourquoi la Perse porte
le lion dans ses armes.

Le juste dira alors : « Délivrez-nous de la **gueule** du lion ». Ps.

Et le dragon lui donne sa force et sa puissance. La Chine boudhique
s'alliera à la Confédération islamique dans le bahaïsme.

(3) La guerre entre les grands Empires entrevus par Daniel. Trois
de ces empires luttent entre eux, tout d'abord, puis survient le
4e grand Empire. l'Empire Arabe, la Confédération Islamique conduite
par Assur, le roi des Assyriens, le dernier roi des Perses, le Messie
(Mahdi). Ces 4 Empires se disputent la Domination universelle, « ils
seront réduits en poudre par la pierre détachée de la montagne », le
vrai Messie « l'Empire appartiendra, alors, au Seigneur et tous viendront à Lui », Is, XLV. — Voy. l'Apocalypse d'apres l'iconographie
(1916).

(4) Les Chaldéens, dit Théodoret. Ce sont eux qui unis à la Confédération islamique « accourent, au **GRAND SOIR** du monde, et les
hommes en sont frappés d'étonnement » Habacuc.

LES MARTYRS RESSUSCITENT LES IMPIES NE RESSUSCITENT PAS LORS DE LA PREMIÈRE RÉSURRECTION

Puis les haut-reliefs représentaient deux sortes de morts : « les martyrs et les impies ».

Les martyrs étant « les âmes de ceux qui sont sous l'autel et qui crient : **Vengez-nous** »

« Lorsque les 12 apôtres se placèrent sur 12 trônes pour juger, je vis les âmes de ceux qui avaient été tués pour avoir rendu témoignage à Jésus, et qui n'avaient point adoré la Bête (Assur, l'Antéchrist) ni reçu le Label. **ILS RESSUSCI-TÈRENT** et furent associés au **RÈGNE** de mille ans ». Apoc. XX. 4 « **C'EST LA LA PREMIERE RESURREC-TION** » (1).

Ce passage est la confirmation du texte d'Isaïe, où l'on voit que le Seigneur vient **exercer la vengeance** demandée par les martyrs : « Voici que le Seigneur va sortir du lieu où il réside, **POUR VENGER** l'iniquité du monde ; **la terre ne cachera plus dans son sein ceux qu'on y avait fait descendre par une mort violente** » (XXVI, 21). Les martyrs ressuscitent. Enfin, ajoute l'Apocalypse : « **LES AUTRES MORTS NE RESSUSCITÈRENT POINT** avant que ces mille ans fussent accomplis ». XX, 5.

Quels sont ces **« autres »** morts ?

Ce sont les partisans de « **L'AUTRE** », le chef des Impies, le Pécheur, l'Homme Inique, l'Antéchrist Omniarque, tué avec les « autres » à Armagédon.

Les Juifs doivent suivre cet « autre » qu'ils prendront pour Messie *Ego veni in nomine Patris mei, et non accipietis me ; Si* **ALIUS** *venerit, in nomine suo, illum accipietis* (Joan. V. 43). Vous ne m'avez pas reçu moi qui étais envoyé par

---

(1) Voy. plus haut « attendez-moi pour le jour de ma **RESUR-RECTION**, car, auparavant, j'ai résolu d'assembler tous les peuples pour répandre, sur eux, ma colère », Sophonie. III, 8

mon Père ; **quand L'AUTRE viendra**, en son seul nom, vous le recevrez pour Messie ».

« Mais cet Impie sera tué par le souffle de la bouche du Seigneur quand Celui-ci **jugera** (1) et frappera la terre »(2). Is. XI. 4.

Alors sera réalisé ce texte : « L'Impie n'entrera pas dans la terre des saints (3), c'est lui l'Homme Inique, **IL NE VERRA PAS LA GLOIRE (OU PHAROUSIE) DU SEIGNEUR DANS JÉRUSALEM** », Is. XXVI, 10.

« Les Impies NE RESSUSCITERONT PAS au jour du Jugement, les pécheurs n'assisteront pas à l'Assemblée des justes » (4), Ps. I. 5.

« Et après qu'Assur aura été frappé vous chanterez des cantiques, comme en la nuit d'une fête solennelle, à la montagne du Seigneur, au Temple du Fort d'Israël ». Iss. XXX, 28.

« Le Temps des Nations étant accompli, Jérusalem ne sera plus foulée aux pieds par les payens » et les Nations verront l'accomplissement de l'oracle plusieurs fois séculaires.

« LEVEZ-VOUS ET BRILLEZ JÉRUSALEM, CAR VOICI QUE LA PHAROUSIE DU SEIGNEUR S'EST LEVÉE SUR VOUS ». Is. LX, 1.

---

(1) Jugement précédant la Conversion des Nations au temps du Pasteur angélique.

(2) « Les hommes se cacheront dans les cavernes et dans les rochers, lorsque **le Seigneur se lèvera pour frapper la terre**, dans la Gloire de sa Majesté », Is. II, 19.

« L'homme se cachera dans les entrailles de la terre **au jour de la colère** », ce que nous voyons réalisé, de nos jours, à la lettre.

(3) La génération qui doit venir sera appelée sainte ». Is. — C'est la génération qui doit venir au temps du Pasteur angélique, adorer le Seigneur à Jérusalem.

(4) Cette « assemblée » des justes se tiendra à Jérusalem.

« Les impies ne ressuscitent pas » c'est pourquoi l'iconographe a laissé « à gauche » les livres fermés « car ils ne seront jugés dit Suarez qu'in fine ». Les livre des justes « in parte dextra » sont seuls ouverts.

LA
SOCIÉTÉ DES NATIONS

CONVERSION DE TOUS LES PEUPLES — GLOIRE DE JÉRUSALEM — TOUTES LES NATIONS MARCHENT A LA LUMIÈRE DE LA VILLE SAINTE, TOUS LES ROIS DE LA TERRE Y PORTENT LEUR GLOIRE ET LEUR HONNEUR (Apoc. XXI-24.)

———

Dans les cloisonnements de la volte, entourant le motif central et principal du sujet — ainsi que dans la frise du linteau — les moines imagiers ont représenté : « **TOUTES LES NATIONS DE LA TERRE** venant comme un présent pour le Seigneur à la montagne Sainte de **Jérusalem.** » Is. LXVI. 20.

« **TOUTES LES NATIONS** que vous avez créées, Seigneur, viendront se prosterner devant vous et vous adorer et elles rendront gloire à votre nom ». Ps. LXXXV. 8.

« Alors **JÉRUSALEM SERA APPELÉ LE TRONE DE DIEU. Toutes les Nations** s'y viendront assembler et elles ne suivront plus les égarements de leur cœur endurci dans le mal ». (1) Jérémie III, 14.

« Le Seigneur a été reconnu **ROI DE TOUTE LA TERRE** » Ps. XCVI — 1.

« **Tous les rois** de la terre l'adorent, **toutes les Nations** lui sont assujetties «. Ps. LXXI — 11.

« **Tous les peuples** et les rois s'assemblent pour servir conjointement le Seigneur ». Ps. CI — 23.

———

(1) Car au temps de l'Apostasie, précédant la Conversion des Nations, ici représentée, les peuples suivaient les égarements de leur cœur.

« En ce temps là, les idoles seront toutes réduites en poudre ». Isaïe II. 18 Is. IX — 2. « Le peuple qui marchait dans les ténèbres a vu une grande lumière, et le jour s'est levé pour ceux qui habitaient dans la région de l'ombre et de la mort ».

« Ils se réjouiront au jour de votre **AVÈNEMENT** (1) comme on se réjouit au temps de la moisson (2) et comme **les victorieux** (3) se réjouissent lorsqu'ils ont pillé leurs ennemis et qu'ils partagent le butin ». Is. XLIII. 6 — « Je dirai à l'Aquilon : Donnez-moi mes enfants ; et au Midi : Ne les empêchez pas de venir ; amenez mes fils des climats les plus éloignés, et mes filles des extrémités de la terre. »

7 — « Car c'est Moi qui ai créé **pour qu'ils contemplent MA GLOIRE** tous ceux qui invoquent mon nom, c'est moi qui les ai formés et qui les ai faits. »

8 — « Faites sortir dehors un peuple (4) qui était aveugle quoiqu'il eut des yeux ; qui était sourd bien qu'il eut des oreilles ».

9 — « Que **TOUTES LES NATIONS** s'amassent, et que **TOUS LES PEUPLES se rassemblent** ». (5)

---

(1) L'iconographie monacale distingue nettement les deux avènements : « in carne » à la naissance du Messie, et « in virtute » au jour de la Puissance, au Grand Soir du monde, avènements annoncés l'un et l'autre dans les offices de l'Avent. — Lire : « Les Trois Avènements d'après l'iconographie » du même auteur.

(2) L'évangile des moissonneurs est appliqué, dans l'iconographie, au Grand Soir du monde, à **la Onzième heure**, au temps du RÈGNE.

(3) Alors « les justes » seront victorieux « Car le Seigneur vaincra les ennemis de son peuple dans le Grand Combat » d'Armagedon. « Ceux de Juda (la chrétienté) voleront, alors sur la mer, ils pilleront ensemble les peuples de l'Orient ; ils soumettront, à leurs lois, l'Idumée, Moab et Ammon ». Is. XI, 18.

(4) L'iconographie médiévale appliquait ce verset au peuple juif qui a volontairement fermé les yeux. Mais « au Grand Soir des temps les fils de Jacob viendront vers Jérusalem et rôderont autour de la ville comme des chiens affamés ». Psaume de David. C'est alors qu'ils entreront, dans l'Eglise, avec toutes les Nations.

(5) Les rabbins allemands se basent sur ce texte, notamment, pour constituer l'Internationale de leur Messie : le Mahdi persan, Assur, le faux Dominateur de la terre.

Is. XLX. 20 — « Assemblez-vous, venez, et approchez-vous, vous tous qui avez été **Sauvés** (1) des Nations ».

22 — « Convertissez-vous à moi, **PEUPLES DE TOUTE LA TERRE**, et vous serez sauvés, parce que je suis Dieu, et qu'il n'y en a point d'autres. »

23 — « Je l'ai juré par moi-même; cette parole ne sera pas vaine ».

24 — « Que tout genou fléchira devant moi et que **TOUTE LANGUE jurera par mon nom** ».

Is. LXVI. 18 — « Je viens pour recueiltir toutes les œuvres et les pensées (de ceux de mon peuple) et pour les assembler avec **TOUS LES PEUPLES** de quelque pays et de quelque langue qu'ils puissent être ».

19 — « **ILS VIENDRONT A JÉRUSALEM ET ILS VERRONT MA GLOIRE** » ou Pharousie. On reconnait aisément dans cette « Société des Nations (2) des Européens; des Nègres aux cheveux crépus; des Indiens cynocéphales; des Peaux Rouges (3) couronnés de plumages; des Lapons tenant leurs poissons (4); des Elamites porteurs de carquois et de flèches; des Arabes pasteurs avec leurs houlettes; des Egyptiens conduisant le bœuf traditionnel, dont la tête est surmontée de la hache sacrificielle; des Africains chargés de calebasses, enfin des Assyriens et des Chaldéens armés de boucliers et montés sur leurs chevaux, puis des Pygmées.

A droite, ces hommes démesurément grands, ce sont « les

---

(1) Sauvés des **Maux** qui ont affligé la terre, au temps de l'Apostasie : la guerre. la peste, la famine.

(2) La thèse de la « Société des Nations » au temps messianique de la Puissance « *in virtute* » est extrêmement ancienne. Les rabbins allemands fondateurs et dirigeants du Socialisme International se sont efforcé, à travers les temps, de constituer, au profit de leur **Omniarque** cette Société des Nations.

(3) Ceci confirme la tradition d'après laquelle le Canada était connu au Moyen-Age.

(4) Fabre voit, dans ces porteurs de poissons. les éthiopiens ichtyophages ! (Pages d'Art chrétien). Il ignore les traditions éthiopiennes; tous les peuples de la terre mangent « du poisson » et si les Ethiopiens d'Asie et d'Afrique sont appelés ichtyophages, c'est parcequ'ils doivent au Grand Soir du Monde, au Temps des Nations, manger **le Grand Poisson**. « En ce temps-là le Seigneur viendra avec sa grande **Epée** pour détruire Léviathan le Grand Dragon » « c'est lui qui sera donné en nourriture **aux peuples d'Ethiopie** » Ps. LXXIII, 15.

géants qui gémissent sous les eaux » (1) descendants d'Atlas ; enfermés, sous l'Atlantique, dans une poche terrestre, (2) ces géants doivent d'après d'antiques traditions, réapparaître lorsque la vieille Atlantide va surgir des flots au Temps des Nations.

En ce Grand Soir du Monde, la Société des Nations accomplit l'oracle de Sophonie en parlant la Langue Universelle (3).

Car « c'est alors que je **CHANGERAI TOUTES LES LANGUES DES PEUPLES EN UNE LANGUE UNIQUE** et pure afin que tous invoquent le nom du Seigneur et que tous se soumettent à son joug dans un même esprit » Sophonie III, 9.

Tous les moyens de locomotion serviront aux peuples, dit Isaïe, « pour venir, en ces jours là, d'année en année et de mois en mois à la Montagne Sainte de Jérusalem » (4).

« Je vois, dit le prophète, tous les peuples accourant, les uns sur des chars, d'autres sur des litières, voici vos enfants venant sur les vaisseaux de la mer, pour consacrer leur or et leur argent au nom du Seigneur ».

« **QUELS SONT CEUX-CI EMPORTÉS EN L'AIR COMME DES NUÉES ET CEUX-LA VOLANT COMME DES COLOMBES LORSQU'ELLES RETOURNENT A LEURS COLOMBIERS** » Isaïe, LX, 8 (5).

Ps. XLVI, 7. — « Dieu est **Roi de toute la terre**. Chantez des hymnes ».

8. — « **Dieu Règnera sur toutes les Nations. Il est ASSIS SUR SON SAINT TRONE** ».

---

(1) « Exaucez-nous, vous notre Sauveur (au jour de la Grande Tribulation) vous qui êtes l'attente de toutes les Nations de la terre, et mêmes de **celles qui sont sous la mer** » Ps. LXIV, 6. — Voyez cette traduction d'après le texte syriaque.

(2) Cette poche peut être immense, l'air y circulerait alors ; la lumière pourrait y briller, grâce aux masses de radium intérieures, ou par tout autre moyen encore inconnu de l'homme. C'est là la dernière partie du monde à découvrir.

(3) La langue internationale sera le latin. L'Esperanto, composé par le juif Zamenoff était destiné à réaliser l'internationale des Talmudistes et des Caraïtes ; l'Omniarque et ses adeptes l'utiliseront.

(4) « Et tous ceux qui seront restés (épargnés par **les Maux** de l'Apostasie) de toutes les Nations, viendront d'année en année, adorer le Seigneur à Jérusalem ». Zacharie XIV, 16.

(5) Ce texte a été ainsi traduit en 1907 (fasc. II, p. 32) avant l'invention des aéroplanes laquelle date de 1908 seulement. Ces êtres ailés et couverts de plumes, à droite du linteau, représentent les aviateurs des derniers temps, annoncés par Isaïe.

LES JUSTES CRIENT AU JOUR DE LA GRANDE TRIBULATION « VENGEZ-NOUS » « LEVEZ-VOUS » LE SEIGNEUR SE LÈVE, IL S'ARME ET MONTANT LE COURSIER BLANC, IL DESCEND VENGER LE SANG INNOCENT ET VIENT APPELER TOUTES LES NATIONS A PARTICIPER A SON RÈGNE

Au temps de l'Apostasie qui est le temps de **la Grande Tribulation**, les ennemis du peuple de Dieu « ayant répandu le sang innocent » c'est-à-dire « le sang des justes » « le Seigneur détourne son visage **au jour de la colère** à cause du sang innocent répandu » Ezéch. VII. — Le visage détourné permet aux **Maux** de fondre sur l'Univers tout entier. Alors « les justes crient du milieu de leur affliction ». Ps. LXXXV, 7. — « **Levez-vous et jugez** la terre parce que vous devez avoir (après ce jugement) **TOUTES LES NATIONS** pour héritage » Ps. LXXXI. — « Les âmes des martyrs qui sont sous l'autel crient **Vengez-nous** » Apoc. VI, 10. — « Le Seigneur jette alors ses regards sur tous les habitants de la terre et sur ceux qui le craignent », Ps. XXXII, 14. — Il voit ses justes qui sont dans l'attente de la justice qu'il doit rendre ». Ps.   — « **Je me lèverai** dit-il à cause de la misère de ceux qui sont sans secours et je procurerai leur Salut » Ps. XI, 5. — « Le Fils, qui est à la droite du Père, se lève alors, il Lui est présenté et l'Ancien des jours donne au Messie **La Puissance et LE RÈGNE** et toutes les Nations viendront à Lui » Daniel, VII. — On le revêt « du vêtement de vengeance » on l'équipe de ses armes « il monte le coursier blanc » et part appeler toutes les Nations à son **RÈGNE** « Il se lève et sort du lieu saint où il réside. Il vient perdre et anéantir les Nations et briser le frein de l'erreur qui retenait la langue des peuples » Is. XXX, 28. — « Le cri et la prière des justes **au jour de la tribulation** est exaucé. Alors sa colère s'allume, la terre tremble, les montagnes s'écroulent ». Ps. XVII, 7. — « Il descend, l'indignation du Seigneur fait trembler la terre et les Nations ne peuvent soutenir ses menaces » Jérémie X, 10.

Ps. VII, 6. — « **Levez-vous**, Seigneur, **au jour de votre colère** et faite éclater votre grandeur au milieu de mes ennemis ».

7. — « **Levez-vous et l'Assemblée de TOUS LES PEUPLES vous environnera** ».

8. — « Et afin que cette assemblée vous loue **remontez** (1) sur votre **TRONE ÉLEVÉ** afin que toutes les Nations connaissent votre **jugement** (2) ».

9. — « **Jugez** et manifestez la justice et l'innocence des justes ».

Ps. IX, 4. — « Vous vous êtes **ASSIS SUR VOTRE TRONE pour juger** équitablement ».

Vous m'avez rendu justice. Vous avez broyé les Nations (au jour de votre colère) et l'Impie (3) a péri ».

Is. XI, 10. — « Alors le rejeton de Jessé est exposé devant **TOUS LES PEUPLES. Toutes les Nations** viennent lui offrir leurs prières et **SON SÉPULCRE EST GLORIEUX** ».

----

(1) Pourquoi : Remontez ? Parce qu'il est descendu « accomplir son ouvrage » dans « ce jour où il agit **Lui-même** ». Cet ouvrage (la Conversion des Nations et la ruine des impies) achevé « il remonte » sur son trône. Ainsi permet d'interpréter ce passage l'iconographie du XII⁰ siècle au XV⁰.

(2) Jugement précédant la Conversion des Nations.

(3) Le faux Dominateur, Assur le Mahdi, l'Antéchrist appelé l'Homme inique, le Pécheur.

HENOCH ET ELIE

Les deux grands personnages placés, au bas et à droite de l'Ove, n'ont pu être, jusqu'à ce jour, identifiés par les archéologues : ce sont Hénoch et Elie.

Il est aussi vraisemblable que ce soit Moïse et Elie assistant à la Pharousie des derniers temps comme à celle du Thabor. Les juifs attendent l'un et l'autre au jour de la Puissance.

Les iconographes ont figuré le « Montez ici » en avant de la Pharousie parce que l'arrivée des deux prophètes précèdera **le jour du Seigneur** au jour de la colère, de la fureur, de la vengeance provoquée par l'indignation « du sang des justes » « du sang innocent des serviteurs de Dieu » répandu.

Hénoch et Elie descendront des hautes montagnes du Thibet — sur lesquelles se trouve placé le Paradis terrestre (1) ou Ymalaya c'est-à-dire : Jardin d'Adam — ils descendront en « volant comme des colombes » ou « emportés en l'air comme des nuées » (2) sur ces chars de feu des derniers temps (entrevus par Isaïe et Salomon) **au temps de la Grande Tribulation** appelé « temps de la tristesse, du serrement de cœur, de l'affliction et de la misère ; jour des ténèbres et de l'obscurité, jour de nuages et de tempête ».

« Jour où les villes fortifiées trembleront au fier retentissement de la trompette » (3). C'est le temps de la Guerre Universelle au moment de **L'APOSTASIE**.

---

(1) Voir du même auteur : Le Paradis terrestre sur l'Ymalaya d'après l'inconographie indoue.

(2) Nous avons signalé, dès 1907, l'arrivée d'Hénoch et d'Elie, vers 1922-1926 sur les chars de feu des derniers temps, les appareils volants. Les soulèvements du Thibet, du Nepaul, du Boutan, des Indes, de l'Afghanistan, de la Mongolie et du Turkestan signaleront l'arrivée prochaine des prophètes.

L'arrivée des deux patriarches sera précédée de la venue de deux imposteurs, appelés Mathmas, auxquels la secte de Krischnamurti (précurseur de l'Omaiarque) prépare la voie. La sœur m∴ Anie Besant représente, en Occident, cette secte Hindoue.

(3) Voy. Sophonie I. 15 — et Ezéchiel XIII — 15 à 18. L'Apocalypse d'après l'inconographie p. 13 (1916),

« Hénoch qui marcha avec Dieu et disparut. Dieu l'ayant enlevé » (1) au Paradis terrestre viendra rappeler les Nations chrétiennes à la foi. Il arrivera donc après la **proclamation officielle de l'Apostasie à la tribune des Parlements. (2).**

D'autre part, **cette Apostasie étant consommée sous LE CIMETERRE,** l'invasion, par l'Empire Arabe, des territoires chrétiens, sera donc, également, un signe de son intervention prochaine.

Elie apparaît, dans le même temps, pour rétablir les tribus d'Israël, en Palestine :

« Je vous enverrai le prophète Elie (3) **avant que le grand et l'épouvantable JOUR DU SEIGNEUR arrive** et il réunira le cœur des pères et de leurs enfants, de peur qu'en venant, (4) je ne **frappe** la terre d'anathème » Zach. IV. 5,

« C'est vous (prophète Elie) qui avez été destiné pour **adoucir** (4 *bis*) **le jour de la colère** du Seigneur, au temps du jugement (5) pour réunir les cœurs des pères à leurs enfants et pour **rétablir les tribus d'Israël** » Ecclésiaste.

Nous avons annoncé, dès 1907-1909, le prochain retour des Hébreux vers Jérusalem et, depuis 1912, ils arrivent en très grand nombre (6). Leur but ainsi que nous le disions il y a 10 ans — (7) est de **reconstituer, par l'indépendance de**

---

(1) Genèse V. 18 à 27.

(2) En Russie, ce sera chose faite avant peu, puis ensuite en Italie, Espagne, Angleterre, Allemagne et Autriche, etc,, et dans tous les pays chrétiens (Amérique comprise) par le moyen des ligues militaires révolutionnaires, lesquelles marcheront sur Rome.

(3) Les Juifs de l'an 30 attendait déjà le messie « in virtute » ayant confondu les avènements « in carne » et « virtute ». Le premier de ces avènements fût réalisé, ainsi que l'annonçaient les prophètes, l'an 4075 du monde, Le second avènement devait survenir l'an 6000. Dans cette mentalité erronée ils envoient demander à Jean : « Etes-vous Moïse ou êtes-vous Elie » MATH.

(4) « Quand le Seigneur se lèvera et descendra pour **frapper** la terre » Is. II, 19.

(4 *bis*) Pie X convia les enfants à la Cène « pour adoucir le Seigneur au jour de sa colère » voy. doc, pont.

(5) Du jugement précédant la Conversion des Nations, au temps du Pasteur Angélique.

(6) Voy. fasc. VII, p. 42, publié en 1910.

(7) Voy. fasc. I, III et IV publiés de 1907 à 1909.

la **Syrie-Palestine LE VIEUX ROYAUME DE JUDÉE**, puis, la mosquée d'Omar renversée, de réédifier, en ce Grand Soir du monde, sur ses ruines, le Temple.

Dans cet édifice, l'Omniarque — leur Messie — serait adoré par tous les peuples, comme Dominateur de la terre.

Alors Hénoch et Élie lutteront contre l'Imposteur.

« Je donnerai à mes deux témoins de prophétiser (1) pendant 1260 jours (2) étant revêtus de sacs ».

« Ce sont les deux oliviers et les deux luminaires qui sont placés devant le (faux) Dominateur de la terre » (3) l'Antéchrist.

« Si quelqu'un veut leur nuire, il sortira, de leur bouche, un feu qui dévorera leurs ennemis; il faut qu'ils soient tués de cette façon. »

« Ils ont le pouvoir de fermer le ciel afin qu'il ne tombe pas de pluie durant le temps qu'ils prophétiseront ; ils pourront changer les eaux en sang et frapper la terre de toutes sortes de plaies, toutes les fois qu'ils voudront. »

7. — » Mais après qu'ils auront achevé de rendre leur témoignage, la Bête, (4) qui monte de l'abyme, leur fera la guerre, les vaincra et les tuera ».

8. — « Et leurs corps demeureront étendus dans les places de la grande ville qui est appelée spirituellement Sodome et Egypte où leur maître même a été crucifié ». (5)

9. — « Et les hommes des différentes Nations (6) et lan-

---

(1) Que prophétiseront-ils ? La Pharousie prochaine, le Règne qui doit arriver, le jour de la Miséricorde et de la Réconciliation.

(2) Pendant tout le Règne de l'Impie, du Pécheur appelé l'Homme inique, de l'Omniarque Assur, le Mahdi qui sera l'Antéchrist et régnera sous le pontificat de Fides Intrepida lequel sera tué par les Ligues Militaires « alors je frapperai le pasteur et les brebis du troupeau seront dispersées » Zacharie.

(3) Voy. Zacharie IVr I à 14.

(4) La Bête est l'Islam ou l'empire arabe, parfois le chef de cette confédération Assur, le Mahdi, l'Antéchrist,

(5) Jérusalem.

(6) Toutes les Nations accourreront à Jérusalem au temps de l'Antéchrist se disant le vrai Messie. Hénoch et Élie seront là pour montrer, à tous les peuples, que ce dominateur n'est qu'un imposteur.

gues verront leurs corps durant trois jours et demi et ils ne permettront pas qu'on les mette au tombeau »

10. — « Les habitants de la terre seront dans la joie en les voyant dans cet état et ils en feront des réjouissances, et ils s'enverront des présents les uns aux autres, parce que ces deux prophètes auront fort tourmenté ceux qui habitaient sur la terre ».

11. — « Mais trois jours et demi après, Dieu répandit, en eux, un souffle de vie ; ils se relevèrent sur leurs pieds et ceux qui les virent furent saisis d'une grande crainte ».

12. - Alors ils entendirent une puissante voix qui venait du ciel et qui leur dit : **MONTEZ ICI** Et ils montèrent au ciel dans une nuée à la vue de leurs ennemis ».

13. — « A cette heure il se fit un grand tremblement de terre, la dixième partie de la ville tomba et 7000 hommes périrent ; et les autres, saisis de frayeur, rendirent gloire au Dieu du ciel ».

15. — « Alors le 7e ange sonna la trompette ; et on entendit de grandes voix dans le ciel, qui disaient : **Tous les royaumes de ce monde sont devenus ceux de Notre Seigneur et de son christ, et IL RÈGNERA** dans les siècles des siècles. Amen. » (1)

16. — « Alors les vingt-quatre vieillards qui sont **assis sur des trônes**, devant Dieu, se prosternèrent et adorèrent Dieu en disant : »

17. — « Nous vous rendons grâces Seigneur Dieu tout puissant qui êtes, qui étiez, et qui devez venir (2) de ce que vous êtes entré en possession de votre **RÈGNE AU JOUR DE VOTRE PUISSANCE** ».

18. — « Les Nations se sont irritées (3) et **le jour de votre colère** est arrivé, le temps de juger (4) les morts (5) et d'exterminer ceux qui ont corrompu la terre ».

------

(1) Le Règne n'aura pas de fin, mais le millénaire en aura une :
(2) Au dernier jugement du monde. « Alors les rois seront déliés et jugés à nouveau ». SUAREZ.
(3) Correspond au « *Quare fremuerunt gentes* » Ps. II.
(4) C'est le jugement de la Première Résurrection avant l'arrivée du Pasteur Angélique.
(5) Les seuls martyrs « auxquels vous allez rendre justice ; car les impies ne ressuscitent pas dans ce jugement ». Ps. I. 5 et Apoc. 5. XX.

19. — « Alors le temple de Dieu s'ouvrit dans le ciel et l'on vit l'arche de **L'ALLIANCE** dans son temple.» Apoc.XI.

Hénoch tient à la main une clef,celle du Paradis terrestre qu'il doit ouvrir à nouveau à l'humanité renouvelée.

Ce Paradis est en effet fermé, depuis la chute originelle et « lorsque Dieu eut fait sortir Adam et Eve du jardin de délices, il plaça un chérubin armé d'une épée flamboyante, à deux tranchants, pour garder le chemin qui conduisait à l'arbre de vie » Gen. III. 23-24.

Non seulement aucun texte ne signale la disparition de l'Eden primitif et la « relève » du garde, mais l'Apocalyse montre les Nations y accourant, lorsque la terre aura été renouvelée.

Le Moyen Age assignait à cette ère nouvelle, le temps du Pasteur Angélique et désignait Hénoch comme étant le possesseur de la « clef » ou du « mot » ouvrant à toutes les Nations, au Grand Soir des temps, l'Eden primitif.

« L'Ange me montra un fleuve d'eau vive clair comme du cristal ».

« Au milieu de la place, encerclé par le fleuve,était l'arbre de vie qui porte 12 (sortes de) fruits (par an) et donne un (genre) de fruit par mois. Et les feuilles de cet arbre sont pour guérir les Nations ». Apoc. XXII. 1 et 2.

LE REPOS

DU SEPTIÈME MILLÉNAIRE

APPELÉ AGE D'AOR [1]

Les justes ont crié : «Etablissez votre REGNE et **Levez-vous** Seigneur **pour entrer dans votre REPOS.** » Ps. CXXX 1.8.

Le Seigneur se lève et vient « briser la tête » de ceux qui ont déchaîné les Maux sur tout l'Univers. La « Génération qui doit venir » en ce temps, « verra les prodiges du Seigneur, faisant alors cesser toutes les guerres jusqu'au bout de l'Univers. — Le Seigneur brisera l'arc, et mettra les armes en pièces ; il brûlera les boucliers. — **ALORS SERA LE REPOS** et je serai exalté au milieu de **TOUTES LES NATIONS** de la terre » Isaïe II. 4.

L'arche de l'ancienne alliance retrouvée sur le mont Nébo sera le signe de **LA NOUVELLE ALLIANCE** de Dieu avec les hommes : « Nous avons ouï dire que l'arche était cachée dans Ephrata autrefois ; nous la retrouverons dans les champs de la forêt » au Grand Soir du monde.

« **Alors le Seigneur entrera dans son REPOS** lui et l'arche où éclatera sa Sainteté » Ps. CXXXVII. 6 et 8.

---

(1) Nous établissons ainsi la chronologie : Depuis Adam jusqu'au Messie « in carne » 4078 ans. De l'avènement « in carne »au soir du 6ᵉ millénaire : 1922 ans, soit 6000 ans.

Le septième millénaire commencerait donc vers 1922-1926.

Nous rappellerons, une fois de plus, que toutes les dates données ne sont qu'approximatives.

Nous nous efforçons, dans nos publications les plus récentes, de préciser de plus en plus. Ainsi la ruine de Lutèce vers 1920 a été reportée (fasc. V. p. 65) vers 1922-26 dans la 2ᵉ édition (voy, aussi fasc. XII. p. 3).

TEXTES DU XVIᴱ SIÈCLE

Le savant XIIᵉ siècle fut, sans contredit, l'époque la plus riche en iconographie exégétique.

Cluny rayonnait alors jusqu'aux extrémités de l'Europe et au-delà. L'iconographie nous donne le degré de la science ethnologique des moines clunisiens. L'académie des nègres, des indiens, les costumes de divers personnages, figurés dans leurs scènes, démontrent leur connaissance certaine d'une grande partie de l'Orient, de l'Afrique, des Indes et du nord du continent que devait découvrir, 300 ans plus tard, Christophe Colomb.

L'architecture du XIIᵉ siècle est essentiellement monacale et c'est pourquoi l'exégèse y tient une si large place.

Les « trois avènements » prédominent :

L'avènement « *in carne* » dans un frêle berceau, dans la faiblesse et l'amour achevé dans les tortures du gibet.

L'avènement « *in virtute* » dans la puissance, dans la force et la colère du jour de la Pharousie et de la Gloire.

En cet avènement le messie est représenté, monté sur un coursier blanc tenant en mains ses armes vengeresses, il « s'élance comme un époux allant au devant de son épouse » pour la venger en « fracassant la tête des méchants » et en appelant au banquet de ses noces agnatiques toutes les nations de la terre.

C'est le thème qui nous intéresse ici.

Si durant le XIIIᵉ siècle, l'exégèse est encore florissante l'on voit, dès le XIVᵉ et au XVᵉ siècle, sa décadence s'accentuer progressivement.

Au XVIᵉ siècle, l'iconographie exégétique est de beaucoup plus rare. Les manichéens talmudistes, dirigeants des sociétés occultes, avec une méthode et suivant un plan sûrement conduit, mutilent les représentations messianiques et pharousiarques, c'est la ruine de l'exégèse médiévale.

Comment s'effectuera, dès lors, la diffusion de « l'Idée » comment sera conservée la tradition attaquée de toutes parts ?

C'est par la presse que sera faite cette rénovation et de savants archéologues contribueront à relever la tradition clénique du **RÈGNE**.

Mais, à côté d'eux, surgiront des faussaires; le XVIᵉ siècle est l'époque des « faux », aussi doit-on être d'une prudence extrême dans l'interprétation des documents légués par la Renaissance.

Le « *Liber Mirabilis* » notamment a, depuis, égaré et jeté dans de lamentables erreurs des compilateurs tels qu'Holzausher (xvii*), Dujardin (1840), Adrien Péladan (1868) l'abbé Curique (1871) et de nos jours de sérieurs auteurs, tel que l'abbé Maître dans son interprétation des dix derniers papes annoncés par St-Malachie.

Nous donnons ici quelques gravures et textes du xvi* siècle.

LE MONDE VA CHANGER DE BASE (1)

L'équilibre mondial sera rompu — disions-nous, dès 1907 — lorsque le St-Empire sera arraché, par l'Allemagne, à l'Autriche écrasée et démembrée. De là sortira « le Trouble des Nations et le Renversement des Royaumes » annoncés par David : « *Conturbatæ sunt gentes et inclinata sunt regna* ».

Nos recherches archéologiques nous ayant donné la clef du thème provençal, nous pouvions après rectification des erreurs typographiques, traduire ainsi le texte du xvi* siècle.

X. 31. — **Le Saint-Empire** reviendra à la Germanie
ISMAELITES TROUVERONT LIEUX OUVERTS
Arabes viendront, aussi la Carmanie
Les Souss venant de vert rouge couverts

La puissance du Saint-Empire Romain reviendra à l'Allemagne par l'élection d'un pape moderniste.

L'Empereur Allemand, à la tête des Ligues Militaires Révolutionnaires internationales, constituant l'**EGLISE MILITAIRE, traversant l'Albanie**, marchera sur Rome pour y placer son antipape.

IV. 98. — **Les Albanais entreront dans Rome**
Moyennant l'entrée d'amis affublez
(Des Pan-Germanistes affublés du titre d'amis des Albanais mais en réalité leurs ennemis).
Marquis ni Duc ne pardonner à (aucun) homme
Feu, sang, mort, ruine, point d'eau, faillir les blés massacre général, aucun pardon ni au peuple ni à l'aristocratie.

---

(1) Chant des rabbins du xvi* siècle.

CAPVT SEXTVM.

Nde in libro multarum tribulationum dicit,
Moab et Amon duo filij Loth, qui nati sunt de
incestu, duas generatiões denotãt, leonem sil-
uestrem, & lilium occidentale, in agrum Virginis insultandos temporibus quibus aquila
cum pullo uolabit, & erit cõsederatio magna
in orientis parte.

Alors se vérifiera l'oracle de Lehnin « Israël ose un crime
horrible » car l'Allemagne, puissance de la tribu de Dan,
appellera l'Assyrie et d'Orient les Arabes et les Albanais, les
Carmaniens et les Senoussistes. A l'ombre de l'étendard vert et
rouge islamique, ils trouveront les lieux ouverts, par l'Allemagne hébraïque, à l'invasion.

Le faux « St-Père » se réfugiera en Allemagne pour persé-
cuter car « La persécution des vrais ecclésiastiques (oppo-

-sés aux faux modernistes) prendra son origine dans **une puissance Aquilonnaise** (l'Allemagne) **qui fera alliance avec les Orientaux.**

Et cette persécution durera un peu moins de onze années lorsque le principal des Rois d'Aquilon annoncé par Daniel (Cl. XI) tombera (défaillira).

Alors viendra d'Orient « l'Uny (1) méridional » l'Omniarque qui persécutera, encore plus fort, durant un espace de trois ans (2) les gens d'Eglise, par la **séduction Apostatique** d'un (antipape) qui tiendra toute puissance absolue par **l'EGLISE MILITAIRE.** Et le saint peuple de Dieu observateur de sa loi, et tout ordre religieux sera grandement persécuté et affligé à tel point que le sang des vrais ecclésiastiques nagera partout.

Cet antipape persécutera l'Eglise et son **VRAI (3) VICAIRE** par le moyen et la puissance de trois temporels séduits par les langues (modernistes) causant plus de ravages qu'un glaive entre les mains d'un insensé ».

Telle était la Traduction que nous donnions, en 1907, des travaux de l'archéologue du XVI° siècle, rénovateur des traditions antiques et médiévales.

On voit dans cette gravure du XVI° siècle, « l'Aigle triste » parce que « déplumée par les coups » des luttes entre les **trois premiers** Empires :

L'Allemagne « grand aigle » et l'Autriche « son petit ». . esclave.

C'est là le 3° empire. entrevu par Daniel, « qui a l'apparence d'un léopard » les multiples peuples et races d'Allemagne et d'Autriche formant cette bigarrure, « et ayant quatre ailes » l'alliance des deux blasons.

Le texte ci-contre annonce que l'Allemagne provoquera cette **« Grande Confédération Orientale »** à laquelle se joindront les descendants de Moab et d'Ammon, ce qui est dit au psaume LXXXII.

------

(1) L'Unique. le seul Maître, L'homme Unique Dominateur du monde : L'Omniarque. C'est lui qui est attendu par les Juifs ; Salomon, par les musulmans : Soliman, par les Allemands : Allein-man tous ces noms signifient : Omniarque, c'est « le Grand Oriental » Assur le Mahdi.

(2) Ainsi que l'annoncent Daniel e l'Apocalypse : 3 ans 1/2, 42 mois ou 1260 jours.

(3) « Vrais » par opposition au « faux » l'Antipape.

Proximus excitabit matrem Aquilæ aduersus principes
Virginis, ipseq́ sæuiet in Iouistas Rhenui agrj inferioris, et maris
occidētalis redimēdo pul-
lum, qd'heu à suis propri-
is in dolis patietur. Vnde
multa mala exurgent, &
ea pui fidei ut arbor infru-
ct uosa discedet à sæculo,
quia inobedientiā patiet́
magnam ibidem. Et uix
Urbs Romana erit præsu-
libus amplius digna.

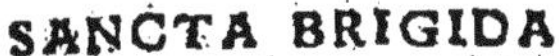

SANCTA BRIGIDA

Nde Brigi-
da libro re-
uelationū.
sub Aquila
grandi quę
nomem fouebit in pectore,
conculcabit ecclesia & ua
cabitur. nam potēs est de-
s. Alemanos altos prouo
care cōtra ecclesiam, qui
magis de humana poten-
tia quàm Dei confidunt,
iusto iudicio hostilibus in
uersibus conculcabitur na
uicula Petri, & c'erus tur-
babitur. Et sic necesse est.

L'ANTIPAPE ALLEMAND

« C'est de l'Aquilon que sortiront LES MAUX qui vont affliger
l'Univers tout entier » Jérémie I. 14.

Le texte du XVIe siècle rappelle l'attente médiévale.

Les Etats « Aquilonnaires », par le modernisme, prépareront le
Bahaïsme Manichéen, connu des Jovistes goths. Ils susciteront une
Contre-Eglise autour de laquelle, le clergé moderniste, refusant
obéissance au pontife légitime se rassemblera. On trouvera jusque
dans Rome des prélats favorables au schisme.

Les allemands confiants en leur puissance matérielle plus qu'en la
divinité, — bien que l'invoquant continuellement — s'efforceront de
renverser la Barque de l'Eglise et de séduire le clergé.

« Cela est nécessaire » dit Ste-Brigitte afin d'épurer l'Eglise dont
les membres seront, au temps du Pasteur Angélique, d'une sainteté
éprouvée.

LES LIGUES MILITAIRES INTERNATIONALES ENVAHIRONT ROME POUR Y INSTALLER L'ANTIPAPE

Le Moyen-Age conserva précieusement les oracles de la Sibylle de Cumes : cette gravure du xvi° siècle rappelle la vaticination relative aux « Griffons ».

« Un Aigle surgira des cavernes de Germanie, il s'alliera avec de nombreux Griffons ».

La confédération des Etats du Nord — « les Aquilonnaires » du xvi° siècle — unie aux ligues militaires revolutionnaires internationales est décrite en ces lignes.

Cette confédération fera irruption sur la terre par excellence ; Rome (1).

Alors « la paix sera enlevée de la terre ».

L'Omniarque qui viendra d'Orient et auquel l'Allemagne par son antipape, par le modernisme et les ligues militaires révolutionnaires, aura préparé la voie, portera l'insigne de l'Aigle.

« **Partout où sera** le sacrifice du **Corps** et du Sang, les porteurs du signe Omniarchique de l'Aigle s'y rassembleront, pour anéantir les sacrificateurs ».

Car « Assur chef du 4° Empire, la petite corne ravira au pontife légitime prince de la force, son sacrifice perpétuel et renversera le lieu de son sanctuaire » Dan. VIII, 11.

La Sibylle montre l'Etoile messianique brillant, sur Toutes les Nations de la Terre, après la ruine de l'Omniarque, dans la plaine d'Armagedon.

---

(1) Le texte — publié antérieurement — de Racconigi dit que les Russes massacreront les religieuses en les crucifiant. Nous avons dit, dès 1910, qu'il fallait voir là, non pas la Nation Russe, mais les seules ligues militaires révolutionnaires, agents du St-Synode allié des luthériens contre l'Eglise catholique.

Nde Sibylla Cumæi prophetico spiritu loquitur in uaticinio suo. Post hæc .i. post modicũ temporis egreditur Aquila de Germaniæ rupibus, multis associabit Griffonibus, quæ irrupuit in ortũ chrismatis, sed autem in sede pastoris de isto chrismate fugabit ĩ septimũ, & irruet in antipatrem, uorabit ĩpm, et non sibi ablatũ uendicabit et per decem lustra tenẽt & nõ erit pax in terra; Virginali, & gens sine carit. regnabit ãnis illis, de post adhærebit Aquilę gravi Figurã habemus Heb. v. ca. diceñ. Duo eunuchi regis qui ianitores erãt & in pallatio primo libidine residebant, uoluerint regem interficere, qd' Mardocheũ non latuit. O Maximiliane, isti duo eunuchi sunt infideles subditi tui, qui fraudæ & maliciæ uenenum gestantes, contra pudicam faciem tuam et fideles tuos & te interficiant. Studeas istis temporibus te præleuare usc̷ ad annum ętatis tuæ. xxxiiij. Videbis exaltationẽ hominis tui ab excelso, & quia istis annis à proximis & subditis tuis pacieris sinistra plura.

L'ISLAM ORTHODOXE DOIT ÊTRE L'ALLIÉ DE LA FRANCE PUISQUE " C'EST LA LUTTE FINALE "

L'Allemagne — figuré par le 3ᵉ Empire de Daniel, le léopard à 4 ailes, — préparera la Confédération islamique, qui est le 4ᵉ Empire, mais elle n'aura pas, pour cela, attiré à soi tout l'Islam.

Les musulmans orthodoxes se joindront à la France contre l'Allemagne.

Le Turc a toujours été représenté, dans l'iconographie, par un loup. La gravure représente, ici, la vieille Turquie comprenant enfin qu'elle a été — par les Jeunes turcs — l'instrument des Talmudistes « Aquilonnaires », dont le but était — en démembrant la Turquie et en proclamant l'indépendance de la **Syrie-Palestine**, — de reconstituer le royaume de Judée, et — en **renversant la Mosquée d'Omar** — de rebâtir le Temple de Salomon.

Les vieux turcs — figurés par le loup — jetant bas l'hébraïsant Mahomet V, se joindront aux Bulgares, renversant Ferdinand et proclamant la République, marcheront contre l'Allemagne (1) et l'Autriche figurées par les 2 aigles « tristes »… des coups reçus!

La France, dans la bataille du Fonds Sanglant, près de Lyon, écrasera les Allemands. Alors paraîtra le Monarque au visage pur qui entrant dans le nid des « aigles » les détruira.

Rétablissant ensuite, l'ancien Empire romain il régnera de l'Orient à l'Occident.

---

(1) Ces événements annoncés dès 1909 (fasc. IV), puis le 21 déc. 1914, dans le *Petit Marseillais*.

Iterũ parati erunt quidam Baiorico,
contra ecclesiã puocare, qui magis de tyrannica humanitate con
sidunt, quàm de dei potentia. Francus in uincendo Germanos,
cædet multos, demũ Gallus succurr et, & pudicus facie regna,
bit ubiꝗ. Nidulũ matris Aquilę intrans, ab oriente in occiden,
rem monarchiam tenebit.

LVPVS APERTO ORB FVGANS AQVI,
lam, & pullus sub arbore sedens in terra tristis.

D iij

La prophétie d'Esdras. — Le prophète voit un lion (image d'un monarque chrétien) sortant d'une forêt et ce lion va détruire la Bête et l'Aigle ».

On doit voir ici le Grand Monarque Franc de l'Age d'Aor qui doit être manifesté, sous le pontificat de Fides Intrepida, à Jérusalem.

La prophétie de Zacharie. — « Je vis 4 cornes et l'ange me dit : ce sont les cornes qui ont dispersé Juda, Israël et Jérusalem : « Le Seigneur me fit voir ensuite 4 ouvriers qui venaient pour effrayer et abattre ces 4 cornes qui ont combattu Juda et ont dressé contre lui la (petite) corne » I, 18 à 21.

La chrétienté (Juda) a été broyée par la lutte entre les quatre grands Empires — entrevus par Daniel — se disputant la Domination Universelle, et figurés ici par les 4 cornes. La « petite corne » a surgi du 4e Empire, du sein des 10 rois, c'est le roi des Assyriens il a « dévoré ce qui restait » épargné par les 3 autres Empires.

Les quatre ouvriers, sont les rois chrétiens envoyés pour réduire les 4 Empires et pacifier la terre.

Le Grand Monarque est l'un d'eux « montant sur la montagne des Oliviers » il ceindra l'antique couronne de David et prendra le sceptre qui tant de siècles régit Israël.

Les archéologues recherchent en ce moment ces précieuses reliques, les fouilles palestiniennes sont faites dans ce but.

LE ROI D'EUROPE

De très lointaine tradition, les Francs **attendirent** un Grand Monarque qui devait « in novissimis diebus », règner sur tout l'ancien Empire Romain, s'allier à l'Orient, et établir sur toute la terre la Paix universelle.

S. Augustin, fait allusion, dans ses écrits à cette lointaine **attente** (1).

Au temps de la Grande Renaissance Romaine et latine du viii° siècle, Charlemagne, après avoir rétabli l'ordre dans l'église, en bridant le schisme, après avoir refoulé les orientaux envahisseurs, se croyait le Monarque **attendu**, ayant, en partie, reconstitué l'ancien Empire Romain.

Aussi voulût-il — en faisant alliance avec le grand Arabe Hamoun-al-Ras-chys—établir l'Empire Universel messianique de l'Agneau qui donnerait à la terre la Paix promise par les textes sacrés.

Au xvi° siècle Charles Quint s'estimait désigné et tendait — en constituant les Etats-Unis d'Europe — à ceindre la couronne des rois Francs.

Les temps sont enfin révolus.

« D'une extrémité du monde jusqu'à l'autre » **les peuples frémissent**.

L'âge d'Aor, « dont le lever sera comme celui de l'aurore », bien que **lointain encore**, va poindre dans le fracas des combats.

Le Roi des Francs va paraître à JÉRUSALEM, tenant le lis symbolique franc.

Il réprimera la Révolution ecclésiastique moderniste. A cet effet « il en frappera les places fortes : Cologne et Trèves. »

Rénovant les alliances de Charlemagne et de François I°, avec l'Orient, il constituera le noyau de cette **SOCIÉTÉ DES NATIONS** — projet du fils de Pépin le Bref — en s'alliant, après le renversement de l'Omniarque, au chef des peuples de l'Orient.

« Le Mahdi musulman, descendant des Abassides, appelé **le Lion**, sera supplanté par le Roi Franc (le lis) ».

« Les Aquilonnaires, c'est-à-dire la Confédération du Nord — dont l'Allemagne « l'Aigle » sera la tête — seront, à cause de cela, frappés et absorbés par le lis, auquel se seront joint, entre autres, les Bohémiens et les Bavarois.

Le Grand Monarque établira alors sa puissance, sur tout l'ancien Empire Romain : **les Etats-Unis d'Europe.**

---

(1) Le texte du xvi° siècle rapportant cette tradition est erronée plaçant, en effet, la manifestation de « l'Homme-Inique » après le règne du Grand Monarque, à la fin du monde. La tradition antique et médiévale que nous avons, par nos recherches, rénovée, place la manifestation de l'Impie au temps de Fidès Intrepida. Le monarque paraît après la ruine de cet Omniarque à Armagédon.

NOVVS PRINCEPS EXVRGET IN
breui tempore.

RÉSUMÉ

De nos précédentes publications (1) sur les traditions antiques et médiévales relatives aux derniers temps.

**L'EMPIRE ALLEMAND, EST LE PRÉPARATEUR
DU QUATRIÈME GRAND EMPIRE DE DANIEL, PAR
L'ANTIPAPE ET LE MODERNISME.**

Le Pan-Germanisme doit être considéré comme l'une
des 4 bêtes entrevues par Daniel : **le léopard qui a 4 ailes
d'oiseaux.**

La Confédération germanique, alliée de l'Autriche, constituera cette bigarrure de peuples dont le léopard est l'image.
Les 4 ailes figurant l'alliance des deux blasons.

Le Pan-Germanisme (2) — disions-nous —sera, par le modernisme et l'antipape Renz, le préparateur de **la Grande
Babylone** des derniers temps : l'Empire islamique schismatique ou **EMPIRE BAHAISTE** (3), qui tiendra la puissance universelle pendant 3 ans 1/2.

A la tête de ce quatrième Empire (4) paraîtra **le roi de
Babylone, ASSUR**, le Mahdi, le roi des Assyriens, le dernier
roi des Perses, l'Omniarque, le faux Messie, qui, **par le
Socialisme Universel, dennera à Israël la Domination**
« sur tout peuple, toute Nation, toute langue et toute tribu »,
pendant 42 mois ou 1260 jours représentant le temps de
l'Apostasie.

---

(1) Editées de 1907 à 1914 chez V. M. Paquet, 46, rue de la Charité,
à Lyon.

(2) Appelés au xvıᵉ siècle « les Aquilonaires » c'est l'alliance des
Etat du Nord : Allemagne, Suède, Norvège, Finlande, Danemark,
Hollande et Allemands d'Autriche-Hongrie.

(3) Les idéalistes de toutes les sectes et religions se ralliant à la
France, les schismatiques de ces sectes et religions se ligueront avec
l'Allemagne, rénovant l'antique Babysme.

(4) C'est la Confédération de Gog (29 peuples descendants de Cham),
de Magog, Mosoch, Thubal et Thogorma. Ces quatre derniers, dési-
gnés par les plus anciens commentateurs, et de nos jours, par Car-
rières, comme représentant les Moscovites, Turcomans, Tobolskiens
et Mongols.

Mais lorsque « les Maux », de l'Apostasie auront pris fin, après la lutte exterminatrice entre les trois premiers Empires — lutte qui aura permis au quatrième royaume de surgir des déserts pour dévorer « ce qui restait » des hommes échappés aux premiers combats — **la Paix sera proclamée dans tout l'Univers** et « les hommes forgeant de leurs épées des socs de charrues ne s'exerceront plus à combattre ».

Un Grand Monarque, le dernier roi des Francs, établira sa puissance sur tout l'ancien Empire Romain — constitué par les **Etats-Unis d'Europe** — et, prenant le sceptre de la Syrie-Palestine, ceindra la couronne de Jérusalem.

Un Grand Pape le « Pasteur angélique » placera, dans la Cité sainte, le siège de Pierre et, de concert avec le roi Franc (1), « ils iront porter le nom du Christ devant tous les peuples et devant tous les rois de la terre » (2).

La vision de Daniel sera accomplie : « En ce temps là Michel le Grand Prince (3) s'élèvera c'est lui qui est le protecteur de votre peuple et **alors viendra UN TEMPS GLORIEUX comme on n'en vit pas jusqu'alors** depuis que les pleuples ont commencé d'exister » XII, 1.

C'est l'Age d'Aor après l'anéantissement du 4e Empire dans la plaine d'Armagedon.

---

(1) Ce monarque va paraître à Jérusalem, mêlé aux armées se ruant sur la Palestine. *Voy.* l'édition hors page et hors texte donnée en 1912 dans « Le Renversement des Royaumes ».

(2) Isaïe XLIX. 6.

(3) « Assur (chef du 4e Empire), périra ; l'épée qui le poursuivra ne sera pas l'épée d'un homme mais l'épée de l'Ange » Michel le Grand Prince. Ia. XXXI, 8.

Guillaume II se croit le Grand Monarque de l'âge d'Aer et veut avoir son pasteur angélique

L'Empereur d'Allemagne, disions-nous, croit être ce Grand Monarque et — conduit par les kabbalistes talmudistes — estime le peuple allemand « **le peuple le plus redoutable de tous** » — annoncé par Isaïe (XVIII, 2) — peuple auquel est réservé de constituer la **synthèse religieuse et morale universelle** et de conduire « toutes les Nations de la terre » à Jérusalem au temps de la Pharousie.

C'est pourquoi, érigeant, de sa propre autorité, un pontife, « son » Pasteur Angélique, l'Empereur allemand — nouveau Fronsberg — **envahira Rome** (1) **en traversant l'Albanie** à la tête des ligues militaires révolutionnaires internationales (2).

Renouvelant, alors, les massacres de 1526, contre les cardinaux, **chassant du Vatican le pontife Religio Depopulata** il placera sur le trône de Pierre, l'Antipape RENZ.

Cet antipape est « le faux prophète » « l'homme trompeur », « l'homme menteur », faussant l'exégèse au profit de la **PHAROUSIE OMNIARCHIQUE** (3).

Se disant le véritable Zorobabel, il s'élancera vers la Syrie à la tête de l'**Eglise militaire** prétendant réédifier Jérusalem et le Temple.

Le verset d'Habacuc doit lui être appliqué : « Malheur à celui qui réédifie Jérusalem dans le sang » et encore « Si le

---

(1) Le monument dit de Victor Emmanuel est un autel manichéen : œuvre allemande. Dans le plan kabbaliste les « Grâces » doivent être élevées sur le socle. Tout le thème iconographique des frises est la rénovation manichéenne de Jupiter Capitolin. La statue actuelle n'a été que le prétexte à la construction de ce monument prussien ou phrygien.

(2) Le plan a été retardé par les événements. Nous placions cette invasion en 1917 — approximativement — pour le centenaire de Luther. Ce sera probablement en 1918 ou 19.

(3) Le socialisme universel, dont le Pan-Germanisme est la tête, a ses pontifes, ses prêtres, ses dogmes, et attend son Messie « l'Omniarque » au jour de sa Pharousie, au Grand Soir du monde. Preuve manifeste d'une direction mystique occulte : les Rabbins Talmudistes allemands.

Le véritable Zorobabel sera « Fides Intrepida » puis, après lui, « Pastor Angelicus », ce n'est « Ni par une armée, ni par la violence, mais par l'Esprit du Seigneur » qu'il rebâtira l'Eglise et Jérusalem dont elle est la figure « il posera la pierre principale des fondations du Temple. Et les justes (au temps de l'Apostasie) se réjouiront de voir Zorobabel le plomb à la main » construisant le Temple dans lequel **toutes les nations** contempleront la Pharousie. Zacharie IV.

Seigneur ne reconstruit **lui-même** le Temple (1), c'est en vain que travaillent ceux qui veulent le reconstruire. Si le Seigneur ne garde Jérusalem (2), c'est en vain que veille celui qui s'attribue la fonction de la garder », Ps.

Ce moderniste allemand doit être identifié avec « **le Mercenaire** » qui s'enfuira à l'arrivée du loup (le mahométan envahissant Rome), tandis que le successeur de Religio Depopulata, le pape Fides Intrepida représenté par « le bon Pasteur donnant sa vie pour son troupeau » tombera martyr aux mains de l'Eglise militaire révolutionnaire (3), « lavant, ainsi, sa robe dans le sang de l'Agneau », ainsi est représenté par l'iconographie le pontife légitime aux jours de l'Apostasie.

XII. 16. « Voici (dit Zacharie, parlant du grand antipape de l'apostasie), voici que je susciterai **un mauvais pasteur** qui ne visitera pas les brebis abandonnées, qui ne recherchera pas les égarées, qui ne guérira pas les blessées et ne nourrira pas les saines, mais il mangera la chair des plus grasses et leur rompra la corne ».

17. « Malheur à ce pasteur, encensé par les pêcheurs, qui abandonne le troupeau (à l'arrivée du loup mahométan). L'épée tombera sur son bras et sur son œil droit, son bras se dessèchera entièrement et son œil droit sera couvert de ténèbres ».

Cet « homme trompeur », tenant **la puissance mondiale spirituelle**. par la synthèse moderniste universelle, sera le **précurseur du quatrième grand Empire** et de son chef « l'Impie », « le Pécheur », « l'Homme inique », « l'Homme sanguinaire », « le chef (4) des ennemis », le Dominateur de la terre, le véritable Antéchrist qui viendra d'Orient, à la tête de l'Empire heptarchique « ayant 7 têtes et 10 cornes ».

---

(1) « *Nisi Dominus aedificaverit DOMUM* » la maison par excellence : le Temple,

(2) « *Nisi Dominus custodierit CIVITATEM* » la Cité du Seigneur, Jérusalem.

(3) Les soulèvements militaires révolutionnaires dans la marine allemande coïncident avec des soulèvements identiques en Autriche. Ils sont soutenus par l'hébreu Michaël (dit Michaëlis). Les soulèvements révolutionnaires militaires de Russie sont soutenus par l'hébreu Wolf (dit Lovf) procureur du S. Synoda. Toutes ces troupes et celles des scandinaves marcheront sur Rome. C'est la dernière lutte de l'orthodoxie et du luthérianisme contre l'Eglise catholique.

(4) Depuis le XVIIe siècle, tous les exégétes ont confondu « le faux prophète » et « l'homme inique », « le Pécheur » et « l'homme trompeur ». ce sont deux personnages distincts : l'antipape et l'antéchrist.

AU TEMPS DE L'APOSTASIE PRÉCÉDANT LA CONVERSION DES NATIONS, QUATRE EMPIRES SE DISPUTENT LA DOMINATION UNIVERSELLE

DAN EL

VII. 3. — Je vis quatre bêtes monter de la mer, qui ne se ressemblaient pas. **Ce sont quatre empires** de ce monde.

4. — **La première bête avait l'aspect d'UNE LIONNE** avec des ailes d'aigle.

5. — **La deuxième bête était semblable à UNE OURSE**, elle avait trois rangées de dents. « Lève-toi, dévore beaucoup de chair » lui disait-on.

6. — **La troisième bête était comme UN LÉOPARD** et avait quatre ailes d'oiseau.

APOCALYPSE

XIII. 1. — Je vis monter de la mer une (seule) bête.

LIONNE

Cette bête avait la gueule d'**UNE LIONNE**.

OURSE

Ses pieds étaient ceux d'**UNE OURSE**.

LÉOPARD

Elle avait la peau d'**UN LÉOPARD**.

OSÉE

XIII. 1. — Mon peuple a péché (par l'apostasie), mes sujets m'ont oublié.

7. — Je serai pour eux comme **UNE LIONNE**.

8. — Je viendrai au devant d'eux (les apostats) comme **UNE OURSE** à laquelle on a ravi ses petits.

7. — Je serai comme **UN LÉOPARD ouvrant le chemin à ASSUR** (verge et fléau de ma fureur qui va leur imposer son **joug**) (1).

---

(1) Remarquez bien ceci : la voie est ouverte à l'Empire Oriental par le Pan-Germanisme figuré par le léopard.

LION

7. — **La quatrième bête** était terrible et étonnante, elle était extrêmement forte ; elle avait de grandes dents de fer, elle dévorait et mettait en pièce **CE QUI RESTAIT** (de ce qui avait été épargné par les trois autres).

Ce qu'elle avait de très différent des autres bêtes, c'est qu'**ELLE AVAIT DIX CORNES** (1).

23. — Cette quatrième bête est un Empire plus grand que les trois empires (représentés par les trois premières bêtes). **Il dévorera TOUTE LA TERRE** la foulera aux pieds et la brisera.

8. — **Une petite corne** sortit du milieu des dix cornes (qui sont dix rois).

14 — Et le Père donna au Fils de l'homme (après la persécution des justes par cette petite corne) la Puissance, l'Honneur et **LE RÈGNE** et **tous les peuples**, toutes les tribus, toutes les langues le serviront. Son royaume est éternel.

Cette bête (unique) que je vis **avait SEPT TÊTES ET DIX CORNES**.

XVII. 12. — Ce sont dix rois qui recevront la puissance **à la même heure** que la bête (à deux cornes : l'antipape).

13. — Ils ont tous **le même DESSEIN**, il donneront à la bête (à deux cornes, l'antipape) leur force et leur puissance.

17. — Dieu leur a mis au cœur de se **former en CONFÉDÉRATION** et de donner leur puissance à la (seconde) bête (l'antipape).

XIII. 2. — **Le Dragon** lui donna aussi sa force et sa puissance.

XIII. 18. — Le nombre du nom (du chef) de la bête est 666.

XVII. 14. — Ils combattront l'agneau et **L'AGNEAU LES VAINCRA**, car il est le Roi des Rois et le Seigneur des Seigneurs (au jour de sa Pharousie).

Je les dévorerai comme **UN LION**. Toutes ces bêtes mettront (les apostats) en pièces.

Ps. LXXXII. 3. — Vos ennemis ont formé **UN DESSEIN** plein de malice contre vos saints.

4. — Exterminons-les du milieu des peuples et que l'on en parle plus à l'avenir.

5. — Ils ont formé une **CONFÉDÉRATION (LES DIX ROIS)** des Iduméens, Ismaélites, Moabites, Agaréniens, Gébalites, Amalécites, Ammonites, Tyriens, **LE ROI DES ASSYRIENS** et celui des Lothiens.

(Ces dix rois sont les chefs des **SEPT PEUPLES** du Deutéronome) : Ethéens, Gergéséens, Amorrhéens, Chananéens, Phéréséens, Hévéens, Jébuséens.

ASSUR (2) sera le roi (de ces apostats) puisqu'ils n'ont pas voulu revenir à moi, XI. 5.

10. — Mais (après son règne de trois ans et demi) le Seigneur rugira contre lui et les fils de la mer trembleront d'effroi.

---

(1) C'est, croyons-nous, la vraie traduction à donner, d'après l'hébreu, au lieu de : elle différait des autres bêtes (le verset 3 l'a déjà dit), et elle avait dix cornes.

(2) Le nom d'Assur est en effet l'équivalent du nombre 666 nombre de l'Oraniarque.

On remarquera que, tandis que Daniel et Osée voient « dans les derniers temps » **quatre Empires se disputer la Domination Universelle**, S. Jean n'en voit qu'un, mais cet unique Empire du texte apocalyptique comprend une fraction de chacun des trois autres.

Ceci veut dire que les ligues militaires révolutionnaires des trois premiers empires viendront — toute révolution étant théologique — se rallier au 4ᵉ Grand Empire révolutionnaire pour préparer le Règne triennal de l'Omniarque.

LA LIONNE est l'image de l'EMPIRE BRITANNIQUE ou Pan-Américanisme, tel, le voyait-on figuré dans l'ancienne inonographie des Angles.

Ces ailes d'aigle sont la fidèle représentation de ces Angles ou Aigles appelés pour cela les Aquilonnaires d'où est venu le nom d'Aquilon.

L'OURSE représente l'EMPIRE MOSCOVITE ou Pan-Asiatisme.

Les descendants de Mosoch, Tobolsh ou Tubal et ceux de Magog portaient l'OURSE sur leurs blasons ; malgré tous les bouleversements, les Moscovites ont conservé ce fhothème.

Les trois rangs de dents représentent les trois races ci-dessus.

L'EMPIRE ALLEMAND ou Pan Germanisme est figuré par le LEOPARD, la Confédération Germanique, unie aux Austro-Hongrois comprenant plus de 40 peuples ou familles différentes dont la bigarrure est comme une peau de Léopard.

Les 4 ailes d'oiseau symbolisent l'alliance des deux blasons Allemand et Austro-Hongrois.

Le quatrième Empire est le Pan-islamisme ou **EMPIRE ARABE**; l'iconographie l'a toujours représenté sous la figure d'**UN LION**, conformément à l'interprétation des Livres Sacrés, parfois même d'un lion à 7 têtes.

C'est le Grand Empire schismatique islamique, bahaïste (1). Ce formidable Empire reconstituera l'antique Heptarchie, ralliant sous son étendard, les schismatiques modernistes de toute secte et de toute religion dans le Manichéisme.

Son chef spirituel sera l'**Antipape** moderniste allemand RENZ, car les 10 rois de la Confédération « lui donneront leur force et leur puissance ». C'est lui l'**ASPIC**.

LE DRAGON « donnera, lui aussi sa force et sa puissance » à l'**Heptarchie**, proclamant reine du monde la Rose-Croix mystique, la Prostituée, la Jézabel de l'Eglise de Thyatire, la Vénus manichéenne attente de l'Islam et des chananéens sinéistes, Femme divine qui règnera sur ce quatrième Empire, Babylone des derniers temps.

Le Boudhisme et les sectes de l'Extrême-Orient sont représentés par le Dragon. Enfin, **le Chef de la Bête** (la 4e) **sera ASSUR**, figuré, dans le verset de Daniel, par cette **petite corne** qui surgit du sein de cette Confédération, annoncée par David, c'est lui l'Omniarque, le Dominateur tyrannique de la terre pendant trois ans et demi. C'est lui **Le BASILIC** chef Socialiste universel des Ligues militaires révolutionnaires internationales qui « partagera gratuitement les terres » en faveur de son culte de Maosim qui, ainsi que nous le montrerons, n'est autre que le culte de Manichée ou de Jupiter.

Alors le Messie se lèvera « au jour de sa Puissance ». il s'armera et descendra « au secours de son peuple ».

Tout armé, et monté sur un cheval-blanc, « il s'élancera comme un époux au jour nuptial » (2) et accomplira la vision, trois fois millénaire, de David :

« Vous écraserez, au jour de votre fureur, l'**ASPIC ET LE BASILIC**, vous foulerez aux pieds **LE LION ET LE DRAGON** » ensuite « Toutes les Nations que vous avez créées, Seigneur, viendront se prosterner devant vous et vous adorer et elles rendront gloire à votre Nom ». Ps. LxxxV 8.

---

(1) En Amérique le soulèvement noir coïncidera avec les soulèvements d'Orient, les antiques peuples de cette terre atlante étant frères des Africains et des Asiatiques. De plus, les nègres innombrables importés depuis un siècle se joindront à la confédération.

(2) « *In sole posuit tabernaculum et procedens sicut sponsum de thalamo suo* ». Ps. D'après le syriaque on doit lire « Le soleil s'est retiré tandis que (le Messie) s'élance comme un époux... », c'est la juxtaposition du texte d'Habacuc III. 11. « Le soleil cessera d'éclairer (*stetit in habitaculo*) et la lune de même, ils marcheront à la lueur de vos flèches, à l'éclat de votre lance foudroyante ».

INDEX

BIBLIOGRAPHIQUE

Nos recherches relatives à l'**exégèse iconographique** et les textes prophétiques, publiés de 1907 à 1914, ont incité — depuis' le début de la guerre — une nuée de vulgarisateurs ignorants et maladroits, parfois sans probité, soit à fabriquer, de toute pièce, des textes annonçant la fin de la guerre dans les six mois suivant l'impression de leurs publications, soit à rééditer certains textes, déjà publiés par nous, sans avoir pris garde que les interpolations et parfois les erreurs typographiques de nos éditions dévoilaient la source de leurs emprunts.

Que nos lecteurs veuillent bien tout d'abord apprendre que **tous les textes prophétiques** connus en Europe depuis les temps les plus reculés jusqu'à nos jours **sont rigoureusement comptés et catalogués et qu'IL EST IMPOSSIBLE D'EN « DÉCOUVRIR » DE NOUVEAUX**.

Parmi les textes connus, un certain nombre, malgré des différences marquées ne sont que des rééditions de prototypes, certains sont interpolés d'autres incomplets ou déformés par suite de compilations successives.

Ceci dit, non pas pour les fabricants de faux textes qui surgiront chaque jour plus nombreux, mais pour les journaux et publications catholiques qui avec une inconcevable légéreté reproduisent ces « faux » dès qu'ils voient le jour. Toutes les publications seront ici rigoureusement analysées.

1º J. Péladan, **Prophétie du frère Johannès** ou de l'Antéchrist, X..., éditeur. Paris. — Brochure publiée en octobre 1914 (2 mois après l'élection de Benoît XV). Ce texte est un faux **inventé de toutes pièces,** par Péladan (bien que celui-ci prétendit : « l'avoir trouvé dans les papiers de son vieux père ! ») annonce que le pape « Benedictus » (sic) luttera contre l'Antéchrist qui est, dit-il, Guillaume II.

J. Péladan a-t-il voulu en fabricant sa brochure réhabiliter les travaux de son père dont nos publications avaient dénoncé l'erreur capitale (1) ?

Toujours est-il qu'il s'est, en cela, montré d'une insigne maladresse, noyant dans son invention, des bribes de textes authentiques trop connus pour n'être pas immédiatement démasqué.

2º — STOFFLER — **Prophétie de Sainte Odile** (texte latin et français) X... éditeur Paris (1916).

Les textes, latin et français, **entièrement fabriqués,** en 1916, par Stoffler, annoncent avec précision la fin de la guerre en 1917 (sic). La brochure portait en exergue : « Texte dont la vente est rigoureusement interdite en Allemagne »... et pour cause !

Des fragments des vaticinations de Ste Brigitte notamment — connus de nos lecteurs depuis 1907 — sont jetés dans le texte afin de lui donner, aux regards de lecteurs non avertis, un caractère d'authenticité.

---

(1) L'erreur capitale, au point de vue exégétique, d'Adrien Péladan père (1868) et des vulgarisateurs du xixᵉ siècle, compilateurs des textes faussés du Liber Mirabilis du xviᵉ siècle, consiste à placer la manifestation de l'Antéchrist sous le pontificat de Pierre II, dernier pape, vers l'an 2000, près de 100 ans après le règne du Pasteur angélique. Péladan fils, publiant ce faux texte, a-t-il voulu démontrer que son père avait également soutenu notre thèse ? L'Antéchrist paraissant sous le pape Fides Intrepida, avant l'arrivée du Pasteur Angélique. Le russe Solovief dans son Antéchrist — dont M. E. Tavernier vient de donner la traduction chez Plon — a commis la même erreur, n'ayant été qu'un compilateur des ouvrages erronés publiés, sur ce sujet, au cours du xixᵉ siècle.

3° — DE MONTI – Texte de 12 lignes provenant de la Bibliothèque du Musée de Côme (Publié en 1917 dans le Corriere della Sera), annonçant la fin de la guerre en août 1917. L'auteur a soin de signaler l'inexistence du texte original disparu !

Nous répétons ici ce que nous disions au mois de janvier. Nous signalions, déjà, comme suspect ce texte; les recherches faites par nous dans toutes les bibliothèques d'Italie, en 1911, ne nous ayant révélé rien de semblable. Or, **un texte prophétique est un document extrêmement rare** et par ce fait, rigoureusement signalé et catalogué. Cette vulgarisation livrée « post eventum » à la publicité — disions-nous — nous semble servir les besoins de la cause.

Le temps s'est chargé de justifier notre appréciation !

4° — **La fin prochaine de la guerre en janvier 1918** — par un journaliste breton. (Edité à Guérande-St-Aubin).

Cet opuscule, publié en septembre 1917, répète la conclusion du faux texte de J. Péladan dont nous venons de donner, ci-dessus l'analyse ; Guillaume II est l'Antichrist et la bête de l'Apocalypse.

D'une ignorance enfantine en exégèse, l'auteur de la brochure attend la fin de l'année 1917 pour annoncer que la guerre actuelle durera plus de trois ans.

Il cite à l'appui de sa thèse Holzauher, ceci prouve qu'il n'a pas même lu cet auteur — simple compilateur des ouvrages erronés du xvi° siècle — qui voit, précisément, dans la Bête de l'Apocalypse : l'Islamisme, ce qui était annoncé par les textes du xvi° siècle : « Cette bête dit-il — qui est l'Islamisme — s'étendra considérablement partout ».

Le xvi° siècle ne fit que rénover la thèse médiévale et c'est ce que nous n'avons cessé de publier depuis 1907.

Ce « journaliste » qui a la prétention d'étudier le passé, montre son peu de connaissance des événements actuels en annonçant la fin de la guerre en janvier 1918 au moment où le monde entier commence à s'ébranler « pour la lutte finale » et la Domination Universelle.

Nous nous bornerons, pour l'instant, à constater que tous **ces « faux »**, publiés par des gens sans aucune autorité en matière exégétique ou iconographique, ont été prônés, vulgarisés, et patronés par les journaux parisiens, ceux-ci ne se rendant pas compte du but poursuivi par les éditeurs : disqualifier la véritable exégèse et les travaux d'iconologie.

(A suivre)

NOTES JUSTIFICATIVES

Pour nos publications antérieures et ultérieures.

— De « l'Indépendant » de Salonique — 18 juin 1917.

Le congrès sioniste russe — Le Congrès des Sionistes se prononce pour un plébiscite de tous les Israélites sur la question de la Palestine.

Les résultats de ce referendum doivent servir de base aux travaux du Futur Congrès de la Paix où devra être soulevée la question de la **création d'un centre de culture juif en Palestine.**

— Communiqué de l'Agence Havas à la Presse. — Mai 1917, de la révolution russe « **Deux mille** juifs seront nommés officiers dans l'armée russe au mois de juin prochain » (*sic*).

— Le Hèrald, février 1917 de l'astronome Flamarion : « Ces taches si nombreuses, **depuis deux ans,** sur le soleil, correspondent à un accès de fièvre intense, indice d'un maximum d'activité ».

« En ce moment un formidable orage électrique solaire domine tout notre système. » (1)

---

(1) Les premiers mouvements sismiques furent annoncés par l'Archéologie dès 1907, les Astronomes ne purent que les constater « post. eventum », ainsi en est-il de l'inflammation actuelle du soleil, nullement à son « maximum » mais bien encore à son minimum, les taches devant augmenter jusqu'à l'obscurcissement total vers 1925.

9

[illegible] [illegible] à [illegible] à [illegible]
[illegible]
[illegible]

[illegible]

(1) « [illegible] sur son opinion.
« [illegible] »
« Bravo! »
[illegible]
[illegible]

[illegible]
[illegible]

1914. — Communiqué [illegible] plénum.

[illegible]